Hacer conexiones:
el texto y yo / el texto y otros textos / el texto y el mundo

Frases claves para **hacer conexiones**:

_____ me hace pensar en algo que me pasó. Lo que me pasó fue _____.

_____ me recuerda algo que leí. Lo que leí fue _____.

_____ me hace pensar en algo que sé. Lo que sé es que _____.

Haces conexiones al leer cuando algo en esa lectura te hace pensar en una cosa parecida. Puede ser algo que **viviste**, otra cosa que **leíste** o algo que **sabes** del mundo que te rodea.

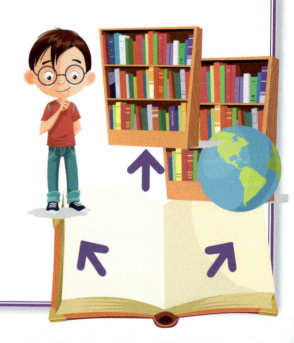

Cómo ser un buen ciudadano

Podemos **ayudar** en la casa.

Podemos recoger la **basura** en la casa.

Podemos **reciclar** en la casa.

Podemos compartir la **comida** en la casa.

Podemos ayudar en la escuela.

8

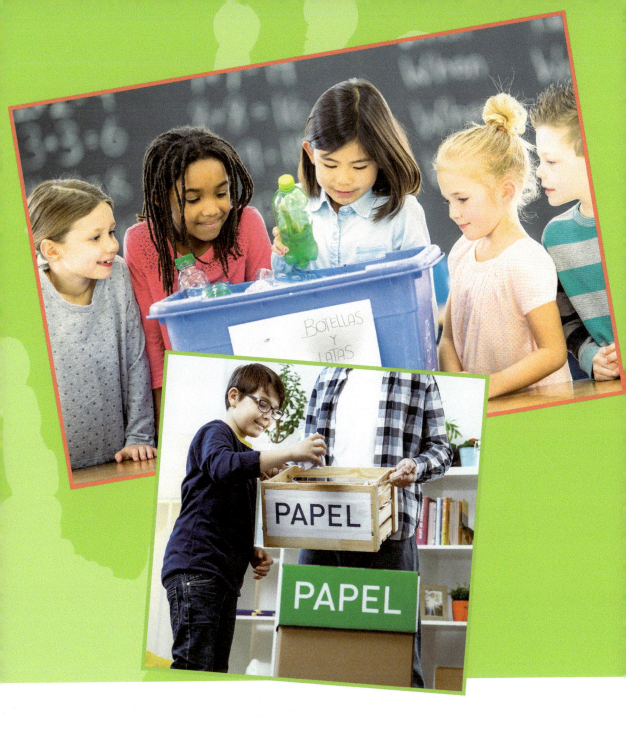

Podemos recoger la basura en la escuela.

plástico

Podemos reciclar en la escuela.

10

Podemos compartir los libros y los lápices en la escuela.

Podemos ayudar en el área de juegos.

12

Podemos recoger la basura en el área de juegos.

Podemos reciclar en el área de juegos.

Podemos compartir en el área de juegos.

buenos ciudadanos

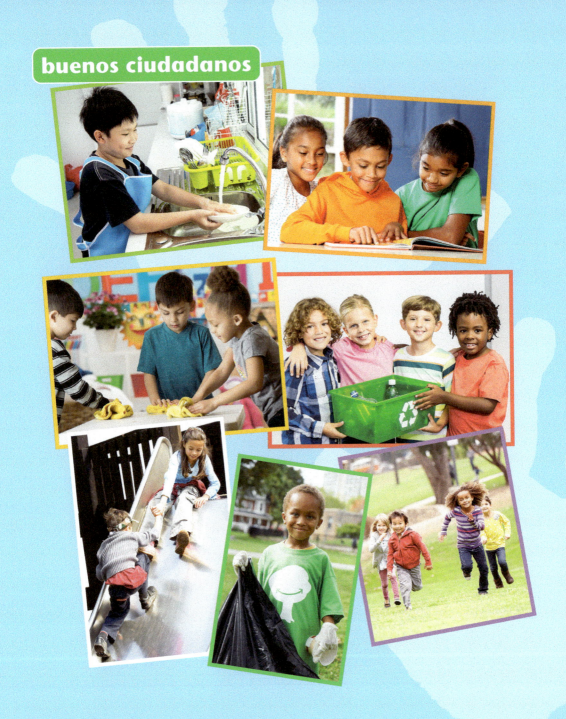

Somos **buenos ciudadanos**.

Podemos ayudar a **nuestro mundo**.

ayudar

comida

basura

compartir

buenos ciudadanos

mundo

reciclar

Every effort has been made to trace the copyright holders of the works published herein. If proper copyright acknowledgment has not been made, please contact the publisher and we will correct the information in future printings.

Photography and Art Credits

All images © by Vista Higher Learning unless otherwise noted.

Cover: Wavebreakmedia/Shutterstock; (background) Lubenica/Shutterstock; Master Art: Lubenica/Shutterstock.
4: (t) Narisara Nami/Getty Images; (bl) Kdonmuang/Shutterstock; (br) Mint Images/Getty Images; **5:** Gelpi/Shutterstock; **6:** (t) Dev Carr/Getty Images; (b) HomeStudio/Shutterstock; **7:** (t) Monkey Business Images/Shutterstock; (b) Jose Luis Pelaez Inc/Getty Images; **8:** (t) Tim Platt/Getty Images; (b) Ariel Skelley/Getty Images; **9:** (t) FatCamera/Getty Images; (b) Dmytro Zinkevych/Alamy; **10:** (t) Wavebreakmedia/Shutterstock; (b) Jozef Polc/123RF; **11:** (t) Darrin Henry/123RF; (b) Alvarez/Getty Images; **12:** (tl) Juriah Mosin/Shutterstock; (tr) LWA/Dann Tardif/Getty Images; (b) Andy Sacks/Getty Images; **13:** (t) Hedgehog94/Shutterstock; (b) Maria Sbytova/Shutterstock; **14:** (t) Jacobs Stock Photography Ltd/Getty Images; (b) Sunsetman/Shutterstock; **15:** (t) Monkey Business Images/Shutterstock; (b) SolStock/Getty Images; **16:** (tl) Kdonmuang/Shutterstock; (tr) Darrin Henry/123RF; (ml) Ariel Skelley/Getty Images; (mr) Wavebreakmedia/Shutterstock; (bl) Juriah Mosin/Shutterstock; (bm) LWA/Dann Tardif/Getty Images; (br) Monkey Business Images/Shutterstock; **17:** Santima Suksawat/Alamy; **18:** (tl) Kdonmuang/Shutterstock; (tr) Monkey Business Images/Shutterstock; (mtl) Gelpi/Shutterstock; (mtr) Alvarez/Getty Images; (mbl) Wavebreakmedia/Shutterstock; (mbr) Santima Suksawat/Alamy; (b) Dev Carr/Getty Images.

© 2025, Vista Higher Learning, Inc.
500 Boylston Street, 10th Floor
Boston, MA 02116-3736
www.vistahigherlearning.com
www.loqueleo.com/us

Dirección Creativa: José A. Blanco
Vicedirector Ejecutivo y Gerente General, K–12: Vincent Grosso
Editora Ejecutiva: Julie McCool
Desarrollo Editorial: Salwa Lacayo, Lisset López, Isabel C. Mendoza
Diseño: Radoslav Mateev, Gabriel Noreña, Andrés Vanegas, Manuela Zapata
Coordinación del proyecto: Karys Acosta, Andrea Cubides, Tiffany Kayes
Derechos: Jorgensen Fernandez, Annie Pickert Fuller, Kristine Janssens
Producción: Thomas Casallas, Oscar Díez, Sebastián Díez, Andrés Escobar, Adriana Jaramillo, Daniel Lopera, Daniela Peláez, Daniel Tobón

Cómo ser un buen ciudadano
ISBN: 978-1-66993-992-4

Todos los derechos reservados. Esta publicación no puede ser reproducida, ni en todo ni en parte, ni registrada en o transmitida por un sistema de recuperación de información, en ninguna forma ni por ningún medio, sea mecánico, fotoquímico, electrónico, magnético, electroóptico, por fotocopia o cualquier otro, sin el permiso previo, por escrito, de la editorial.

Published in the United States of America

1 2 3 4 5 6 7 8 9 GP 30 29 28 27 26 25